Les hommes d

d'Orient 11

Le prince du Montenegro

Edmond Texier

Alpha Editions

This edition published in 2024

ISBN : 9789367241783

Design and Setting By
Alpha Editions
www.alphaedis.com
Email - info@alphaedis.com

As per information held with us this book is in Public Domain.
This book is a reproduction of an important historical work. Alpha Editions uses the
best technology to reproduce historical work in the same manner it was first
published to preserve its original nature. Any marks or number seen are left
intentionally to preserve its true form.

I.

Dans le sujet que nous allons entreprendre, l'histoire du pays et l'histoire de celui qui le gouverne se confondent tellement qu'il est impossible de les séparer. Elles s'expliquent l'une par l'autre. L'histoire du vladika et celle du Monténégro ne forment qu'une seule histoire; on connaîtrait mal le souverain si on n'était pas familiarisé avec le peuple.

D'ailleurs le Monténégro, qui semble appelé à jouer un rôle si important dans la question d'Orient, est presque inconnu en France. On n'a, sur cette contrée, que quelques articles isolés et un ouvrage publié en 1820 par le colonel Vialla de Sommières. On comprendrait mal la situation présente et l'avenir du Monténégro, si on n'avait une idée bien nette de son passé.

II.

Le Monténégro ou Tsernogore, quoique formant depuis la fin du XVIIIe siècle, un État indépendant, n'est point cependant ce qu'on peut appeler un pays constitué d'une façon régulière. C'est une nation composée d'éléments divers, un peuple de proscrits qui l'habite. Le Monténégro est le vaste lieu d'asile de tous les proscrits de la race serbe. Ses montagnes sont placées comme une espèce de ligne de démarcation entre le monde slave et le nôtre.

Les Monténégrins eux-mêmes n'ont que des notions très confuses sur l'étendue de leur territoire et sur le chiffre de leur population. La *grlitza*, almanach officiel de Tsetinié, capitale du pays, évaluait, en 1835, ce chiffre à près de 100 000 âmes; le Monténégro s'est étendu depuis cette époque, et on peut porter à un maximum d'environ 130 000 le total des habitants.

Le Monténégro est divisé en quatre arrondissements (*nahias*); chacun de ces arrondissements peut mettre sur pied un nombre de guerriers déterminé d'avance.

Les sept montagnes qui environnent le Monténégro forment, sous le nom de *Berda*, un territoire particulier qui cependant est attaché à son voisin par les liens d'une espèce de confédération.

III.

Les Monténégrins sont en majorité schismatiques; ils font cependant preuve de plus de tolérance que leurs coreligionnaires de la Serbie, de la Grèce et de la Russie. Les catholiques latins exercent en paix leur culte; les Turcs eux-mêmes ont une mosquée au Monténégro; ils forment dans le pays une tribu qui a les mêmes droits et la même liberté que les autres.

Les couvents sont assez nombreux au Monténégro; on cite parmi les plus remarquables, ceux d'Ostrog et de Maratcha. Entrez dans un de ces couvents où l'on accueille le voyageur avec une hospitalité pleine de bienveillance, vous y trouverez tout au plus une vingtaine de moines. Un seul religieux occupe le grand couvent de Tsetinié.

Le clergé séculier se compose de 200 popes environ. Ces prêtres ont adopté le costume des guerriers; ils font partie des expéditions, et comme l'Église grecque, ainsi que l'Église latine a horreur du sang, ils ont des masses d'armes dont ils se servent pour assommer l'ennemi quand ils sont las de prier pour leurs frères ou de les exciter au combat.

Le clergé régulier, au contraire, vit dans une paix et une austérité profondes. Le moine monténégrin s'habille, comme le caloyer grec, d'une longue robe de soie noire; aussi les Turcs ont-ils l'habitude de désigner le vladika du Monténégro sous ce titre: *le noir Caloyer.* La coiffure des moines du Monténégro est un fez rouge entouré d'une étoffe de soie noire en forme de turban.

Les Monténégrins ont généralement des sentiments religieux assez vifs et assez profonds. Cependant ils ne suivent pas toujours avec une régularité parfaite les règles extérieures du culte. Dans notre langage, on dirait des Monténégrins qu'ils ne pratiquent pas. L'Église, d'ailleurs, repousse des sacrements tout montagnard nourrissant une haine violente contre le prochain; si cette haine n'a pas craint de se satisfaire, le coupable ne pourra pas mettre les pieds dans une église avant d'avoir expié publiquement sa faute ou son crime.

<hr>

IV.

La famille est la base de la société dans cette république patriarcale du Monténégro. Chaque famille choisit un chef auquel elle obéit aveuglément. Les membres d'une même famille ne se séparent presque jamais, aussi les familles deviennent-elles quelquefois assez nombreuses pour peupler un village assez vaste d'individus sortis du même sang, portant le même nom, et ne se distinguant entre eux que par le prénom.

Cet esprit de famille, qui a de grands avantages, offre cependant aussi des inconvénients réels. S'il établit une solidarité puissante entre les membres de la famille en particulier, il crée également, entre les familles en général, une foule de ces haines vivaces et implacables que les générations transmettent aux générations.

Il y a sans doute au Monténégro, comme partout ailleurs, des pauvres et des riches, mais cette différence entre les fortunes ne détruit pas le sentiment d'égalité profondément enraciné au cœur des Monténégrins. Les mendiants sont inconnus dans ce pays. Le pauvre emprunte au riche, et finit toujours par s'acquitter.

V.

La guerre est l'occupation favorite du Monténégrin, la guerre contre le Turc surtout. C'est là la guerre sainte, la croisade qui lui vaudra le pardon de ses péchés et les jouissances du paradis. On voit les vieillards suivre leurs fils marchant contre les infidèles, et se faisant porter pour tirer un dernier coup de fusil en l'honneur du Christ. Les infirmes eux-mêmes se lèvent au bruit de la bataille, et les enfants courent au combat, sinon pour frapper, du moins pour charger les armes des combattants.

Tes aïeux sont morts dans leur lit, est la plus grossière injure qu'on puisse adresser à un guerrier monténégrin; c'est *le noir meurtrier* qui l'a frappé, disent-ils, en parlant d'un homme qui a succombé à une mort naturelle; ils s'éloignent en se signant dévotement, et en priant Dieu qu'il les fasse mourir sur le champ de bataille.

Nulle part la femme n'est plus respectée qu'au Monténégro, non pas que ce respect aille jusqu'à l'exempter du travail manuel, ce qui est impossible chez un peuple presque exclusivement guerrier; mais personne ne se permettrait d'attenter à l'honneur d'une femme. L'idée de séduction par la ruse ou par la violence, est complétement inconnue des Monténégrins, ils ne sauraient comprendre l'amour en dehors du mariage. La femme qui tue un homme pour avoir violé sa promesse de mariage, est d'avance acquittée.

La chanson suivante, qui fait partie des poésies populaires, donne une idée parfaite du rôle que la femme joue au Monténégro.

LA TSERNOGORSTE.

«Un haïdouk se lamente, et crie sur la montagne: Pauvre Stanicha, malheur à moi qui t'ai laissé tomber sans vengeance!

«Du fond de la vallée de Tsousi, l'épouse de Stanicha entend ces cris, et comprend que son époux vient de périr.

«Aussitôt, un fusil à la main, elle s'élance, l'ardente chrétienne, et gravit les verts sentiers que descendaient les meurtriers de son mari, quinze Turcs conduits par Tchenghitj-Aga.

«Dès qu'elle aperçoit Tchenghitj-Aga, elle tire et l'abat. Les autres Turcs, effrayés de l'audace de cette femme héroïque, s'enfuient et la laissent couper la tête de leur chef, qu'elle emporte dans son village.

«Bientôt Fati, veuve de Tchenghitj, écrit une lettre à la veuve de Stanicha:

«Épouse chrétienne, tu m'as arraché les deux yeux en tuant mon Tchenghitj-Aga; si donc tu es une vraie Tsernogorste, tu viendras demain, seule, à la frontière, comme moi j'y viendrai seule, pour que nous mesurions nos forces, et voyions qui de nous deux fut la meilleure épouse.»

«La chrétienne quitte ses habits de femme, revêt le costume et les armes enlevés à Tchenghitj, prend son yatagan, ses deux pistolets et sa brillante carabine, monte le beau coursier de l'aga, et se met en route à travers les sentiers de Tsousi, en criant devant chaque rocher:

«S'il se trouve ici caché un frère tsernogorste, qu'il ne me tue pas, me prenant pour un Turc, car je suis une enfant du Tsernogore.»

«Mais en arrivant à la frontière, elle vit que la perfide musulmane avait amené avec elle son parrain, qui, montant un grand cheval noir, s'élança furieux sur la veuve chrétienne.

«Celle-ci l'attend sans s'effrayer; d'une balle bien dirigée, elle le frappe au cœur, puis lui coupe la tête; alors, atteignant la Turque dans sa fuite, elle l'amena à Tsousi, où elle en fit sa servante, l'obligeant à chanter pour endormir, dans leur berceau, les enfants orphelins de Stanicha.

«Et, après l'avoir eue ainsi à son service durant quinze années, elle renvoya la Turque libre parmi les siens.»

Vivant dans une république de proscrits et de soldats, les femmes monténégrines ont dû se façonner aux nécessités de la vie commune; manier le fuseau et le pistolet, travailler et combattre, voilà leur double existence.

VI.

A l'entrée de chaque cabane, des chiens énormes, sentinelles vigilantes, veillent sur l'habitation du montagnard. Approchez néanmoins sans crainte;

ces chiens si terribles, si féroces en apparence, savent reconnaître le voyageur. Si vous avez soif, si vous avez faim, frappez à cette porte, le maître de la maison s'empressera de vous ouvrir, et de partager avec vous tout ce qu'il possède. La tribu des Niégouchi est renommée pour son art de fumer la viande de chèvre et de mouton; vous goûterez donc à la *castradina*, ce mets national du Monténégrin; votre hôte, si vous n'avez pas faim, vous présentera lui-même la pipe et le café. Au départ, donnez-lui une poignée de main, c'est tout ce qu'il demande; ayez soin de décharger vos armes en vous éloignant, c'est un signe de remercîment et une marque d'honneur auxquels il sera très-sensible.

VII.

Le Monténégrin, loin d'avoir la rudesse et la grossièreté qui sont l'ordinaire partage des peuples militaires, est, au contraire, fin, intelligent, habile, on pourrait presque dire diplomate. Il a même une réputation de négociant consommé. Les voyageurs prétendent que la vie militaire est bien plutôt pour le Monténégrin la suite d'une position géographique que le résultat d'un penchant naturel. Voyez, disent ces voyageurs, quelle patience, quels efforts ont dû déployer les laboureurs monténégrins pour couvrir leurs abruptes sommets, leurs déserts pierreux de champs, de moissons, de vignes et de vergers? Le Monténégrin aime l'agriculture, il s'y livre avec une espèce de passion; chasseur, pêcheur, ouvrier habile en outils, en ustensiles, en pipes, en tabatières, ouvrez-lui un débouché vers la mer, et vous verrez l'industrie régner dans ses montagnes; et peut-être ne tardera-t-elle pas à y faire son apparition.

Tant que l'Autriche sera maîtresse des bouches du Cattaro, il est impossible, sans se faire de bien grandes illusions, de croire à l'avenir industriel du Monténégro.

Comme tous les montagnards, le Monténégrin est fanatique du sol natal. Loin de ses rocs calcinés, il s'étiole, il languit, il meurt; c'est le pin sauvage de la montagne, qui ne peut naître ni verdir dans la vallée.

Au pied de la tour d'Obod, un des plus vieux monuments du pays, dans une sombre et profonde caverne, dort Ivo, le héros et le fondateur de la nation. Quand la mer bleue et Kataro auront été rendus aux Monténégrins, alors Ivo sortira de son sommeil magique et se mettra de nouveau à la tête de ses fils, et renverra les Germains dans leurs humides et nuageuses contrées.

En attendant, le Monténégro se contente de maintenir son indépendance. Les tribus ou *plèmes* qui forment la nation sont au nombre de neuf, formant autant de divisions territoriales, de *comtés* comme disent les Allemands; les chefs de ces tribus sont assez souvent héréditaires.

Les villages sont rares dans ce pays et composés d'un petit nombre d'habitations; on ne compte au Monténégro qu'une seule ville, *Niégouchi*, si on peut donner ce nom à une agglomération de quelques habitations occupées par les principales familles du pays. Niégouchi est, pour ainsi dire, la ville sainte, le berceau du Monténégro. On y montre la maison occupée par les fondateurs de la république, par les ancêtres de la famille actuellement régnante, maison simple du reste, et qui ne se distingue de celle des autres habitants que par ses dimensions un peu plus considérables.

Le vladika et le sénat siègent dans la forteresse de Tsetinié, située sur le plateau d'une haute montagne, au pied de laquelle s'étend une immense plaine. C'est dans cette forteresse que se réunissent les assemblées populaires, qui ont lieu tous les ans.

VIII.

Le Monténégro a dans les *piesmas* une littérature avec laquelle on pourrait facilement reconstruire toute son histoire. Un grand nombre de ces chansons populaires célèbrent les hauts faits de cet Ivo, dit le Noir (Tsernoï), dont nous avons parlé, et qui a donné son nom au pays (Tsernogore).

C'est en dépouillant ces *piesmas* qu'on est parvenu à retracer les annales du Monténégro. C'est vers 1500 seulement que le pays est habité par une population permanente. Auparavant le Monténégro n'était, comme nous l'avons dit, qu'un immense lieu de refuge, d'abord pour l'*haïdouck*, c'est-à-dire pour le bandit, ensuite pour l'*ouskok*; c'est le nom du proscrit, de l'exilé, qui fixe enfin sa résidence quelque part. Au XIVe siècle les ouskoks se trouvèrent assez nombreux pour passer à l'état de peuple et pour fonder une nationalité. Rome n'eut pas d'autre origine.

Ivo le Noir, après avoir battu Mahomet II et rendu les services les plus grands à la république de Venise, finit enfin par éprouver de graves revers. Forcé de fuir devant ses ennemis, il transporta les reliques et les religieux du couvent et de la citadelle de Jabliak, et choisit la position presque imprenable de Tsetinié pour y construire l'église et la forteresse, qui sert encore de résidence au chef du pays. Là il brava longtemps encore la puissance des Turcs et leur fit essuyer de sanglants désastres.

Le souvenir d'Ivo le noir est encore vivant au Monténégro; une foule de sources, de fontaines, de monuments ruinés, de rocs isolés portent le nom du héros tsernogorste. Il maria son fils à la fille du doge de Venise, s'il faut en croire la piesma suivante.

Ivo écrit une longue lettre au doge de la grande Venise:

«Écoute-moi, doge, comme on dit que tu as chez toi la plus belle des roses, de même il y a chez moi le plus beau des œillets. Doge, unissons la rose avec l'œillet.»

Le doge vénitien répond d'un ton flatteur; Ivo se rend à la cour, emportant trois charges d'or pour courtiser au nom de son fils la belle Latine.

Quand il eut prodigué son or, les Latins convinrent avec lui que les noces auraient lieu aux prochaines vendanges.

Ivo, qui était sage, proféra en partant des paroles insensées: «Ami et doge, lui dit-il, tu me reverras bientôt avec six cents convives d'élite, et s'il y en a un seul parmi eux qui soit plus beau que mon fils Stanicha, ne me donne ni dot ni fiancée.» Le doge, réjoui, lui serre la main et lui présente la pomme d'or[1]. Ivo retourne dans ses États.

Il approchait de son château de Jabliak quand, du haut de la tour aux élégants balcons, dont le soleil couchant faisait étinceler les vitres, sa fidèle compagne l'aperçoit.

Aussitôt elle s'élance à sa rencontre, couvre de baisers le bas de son manteau, presse sur son cœur ses armes terribles, les porte de ses propres mains dans la tour et fait présenter au héros un fauteuil d'argent.

L'hiver se passa joyeusement, mais le printemps fit éclater, sur Stanicha la petite vérole, qui lui laboura le visage en tous les sens.

Quand aux approches de l'automne le vieillard eut rassemblé ses six cents convives, il fut, hélas! facile de trouver parmi eux un jeune homme plus beau que son fils. Alors son front se couvre de rides, ses noires moustaches qui atteignaient ses épaules s'affaissent.

Sa compagne, instruite du sujet de sa douleur, lui reproche l'orgueil qui l'a poussé de s'allier aux superbes Latins. Ivo, blessé de ces reproches, s'emporte comme un feu vivant. Il ne veut plus entendre parler de fiançailles et congédie les convives.

Plusieurs années s'écoulèrent; tout à coup arrive un navire avec un message du doge. La lettre tomba sur les genoux d'Ivo, elle disait:

«Lorsque tu enclos de haies une prairie, tu la fauches, ou tu l'abandonnes à un autre, afin que les neiges d'hiver n'en gâtent pas l'herbe fleurie. Quand on demande en mariage une belle et qu'on l'obtient, il faut venir la chercher, ou lui écrire qu'elle est libre de prendre un autre engagement.»

Jaloux de tenir sa parole, Ivo se décide enfin à aller à Venise; il réunit tous ses frères d'armes, et toute la jeunesse. Il veille à ce que les jeunes hommes viennent chacun avec le costume particulier de sa tribu, et que tous soient parés le plus somptueusement possible. Il veut, dit-il, que les Latins tombent en extase quand ils verront la magnificence des Serbes. «Ils possèdent bien des choses, ces nobles Latins! ils savent travailler avec art les métaux, tisser des étoffes précieuses; mais ce qu'il y a de plus digne d'envie leur manque, ils n'ont point le front haut, le regard souverain des Tsernogorstes.»

Voyant les six cents convives rassemblés, Ivo leur raconte l'imprudente promesse qu'il avait faite au doge, et la punition céleste qui l'avait frappé dans la personne de son fils, et il ajouta:

«Voulez-vous, frères, que pendant le voyage nous mettions quelqu'un de vous à la place de Stanicha, et que nous lui laissions en retour la moitié des présents qui lui seront offerts comme au vrai fiancé?»

Tous les convives applaudirent à cette ruse, et le jeune vaïvode de Dulcigno, Okenovo Djouro, ayant été reconnu le plus beau de l'assemblée, fut prié d'accepter le travestissement. Djouro s'y refusa longtemps, il fallut pour le faire consentir le combler des plus riches dons.

Alors les convives couronnés de fleurs s'embarquèrent; ils furent à leur départ salués par toute l'artillerie de la montagne Noire, et par les deux énormes canons appelés *Kernio* et *Selenko*, qui n'ont point leurs pareils dans les sept royaumes francs ni chez les Turcs.

Le seul bruit de ces pièces fait fléchir le genou aux coursiers, et renverse sur la poussière plus d'un héros.

Arrivés à Venise, les Tsernogorstes descendent au palais ducal. La noce dure toute une semaine, au bout de laquelle Ivo s'écrie: «Ami doge, nos montagnes nous rappellent.»

Le doge se levant alors, demande aux conviés où est le fiancé Stanicha? Tous lui montrent Djouro. Le doge donne donc à Djouro le baiser et la pomme de l'hymen. Les deux fils du doge s'approchent ensuite apportant deux fusils rayés de la valeur de 1000 ducats.

Ils s'enquièrent où est Stanicha, tous lui montrent Djouro.

Les deux Vénitiens l'embrassent comme leur beau-frère et lui remettent leurs présents. Après eux viennent les deux belle-sœurs du doge, apportant deux chemises du plus fin lin toutes tissues d'or; elles demandent où est le fiancé.

Tous montrent du doigt Djouro.

Satisfaits de la ruse, Ivo et les Tsernogorstes reprirent ensuite le chemin du pays.

Il paraît qu'arrivé au Tsernogore, Djouro remit à Stanicha la fille du doge; mais il voulut garder les présents. Une autre *piesma* raconte la fin de cette histoire, nous la citons car rien ne saurait mieux donner une idée des mœurs actuelles de cet étrange pays qui n'a rien encore perdu de sa couleur primitive.

«La fille du doge pousse son mari à en finir avec Djouro.

«Je ne puis, crie-t-elle à Stanicha en pleurant de dépit, je ne puis céder cette merveilleuse tunique d'or tissue de mes mains, sous laquelle je rêvais de caresser mon époux, et qui m'a presque coûté les deux yeux à force d'y travailler nuit et jour pendant trois années.

«Dussent mille tronçons de lances devenir ton cercueil, mon Stanicha, il faut que tu combattes pour la recouvrer, ou si tu ne l'oses pas, je retourne la bride de mon coursier, et je le pousse jusqu'au rivage de la mer.

«Là je cueillerai une feuille d'aloès avec ses épines, je déchirerai mon visage, et tirant du sang de mes joues, avec ce sang j'écrirai une lettre que mon faucon portera rapidement à la grande Venise, d'où mes fidèles Latins s'élanceront pour me venger.

«A ces mots de la fille de Venise, Slanicha ne se possède plus; de son fouet à triple lanière, il frappe son coursier noir, et ayant atteint Djouro, le Tsernogorste le frappe d'un javelot au milieu du front.

«Le beau vaïvode tombe mort au pied de la montagne.

«Glacés d'horreur, tous les svati (compagnons des chefs) s'entre-regardèrent quelque temps; à la fin leur sang commença à bouillonner, et ils se donnèrent des gages, des gages terribles qui n'étaient plus ceux de l'amitié, mais ceux de la fureur et de la mort.

«Tout le jour, les chefs de tribus combattirent les uns contre les autres, jusqu'à ce que leurs munitions fussent épuisées, et que la nuit fût venue joindre ses ténèbres aux horreurs du champ de bataille.

«Les rares survivants marchent jusqu'au genou dans les flots du sang des morts.

«Voyez avec quelle peine un vieillard s'avance. Ce guerrier méconnaissable, c'est Ivo le Noir; dans sa douleur sans remède, il invoque le Seigneur.

«Envoie-moi un vent de la montagne, et dissipe cet horrible brouillard, pour que je voie qui des miens a survécu.»

«Dieu touché de cette prière, envoya un coup de vent qui balaya l'air, et Ivo put voir au loin toute la plaine couverte de chevaux et de cavaliers hachés en pièces.

«D'un tas de morts à l'autre, le vieillard cherchait son fils.

«Un des neveux d'Ivo qui gisait expirant, Joane, le voit passer, il rassemble ses forces, se soulève sur le coude, et s'écrie:

«Holà, oncle Ivo, tu passes bien fièrement, sans demander à ton neveu, si elles sont profondes les blessures qu'il a reçues pour toi? Qui te rend à ce point dédaigneux? Sont-ce les présents de la belle Latine?»

«Ivo à ces mots se retourne et, fondant en larmes, demande au Tsernogorste Joane, comment son fils Stanicha a péri.

«Il vit, répond Joane, il fuit sur son coursier rapide, et la fille de Venise, répudiée, retourne vierge chez son père.»

Stanicha se fit musulman pour échapper à la vengeance des compatriotes du vaïvode. La dynastie d'Ivo le Noir frappée par cette apostasie s'éteignit avec les premiers successeurs de Stanicha.

IX.

Ici vient se placer la période de la domination musulmane. Les renégats de Stanicha reviennent après la bataille racontée dans la *piesma* que nous venons de citer, et s'emparent du Monténégro. Un chef militaire, le *spahi*, et un chef spirituel, le *vladika*, gouvernaient les Tsernogorstes sous la suzeraineté de la Porte, et après avoir reçu l'investiture du sultan, auquel ils payaient chaque année un tribut destiné à solder la dépense que faisait la sultane en pantoufles.

Cet état de choses dura jusqu'au commencement du XVIIIe siècle. L'année 1700 vit commencer la grandeur de la famille des Petrovitj d'où est sorti le souverain actuel du Monténégro. Sacré métropolitain en Hongrie, la nuit même dé son retour, il persuada à ses compatriotes de massacrer les musulmans de la montagne qui ne voudraient pas se laisser baptiser. Cette Saint-Barthélémy eut lieu. Voici la *piesma* qui la raconte.

«Les rayas du Zenta ont, à force de présents, obtenu du pacha de la sanglante Skadar la permission de bâtir une église.

La petite église terminée, le pope Tove se présente aux anciens des tribus réunis en *sobar*, et leur dit:

«Votre église est bâtie, mais ce n'est qu'une profane caverne; tant que l'on ne l'aura point bénie; obtenons-donc par de l'argent un sauf-conduit du pacha pour que l'évêque de Tsernogore vienne la consacrer.»

«Le pacha délivre le sauf-conduit pour le *noir caloyer*, et les députés du Zenta vont en hâte le porter au vladika de Tsetinié Danilo-Petrovictj.

«En lisant cet écrit, il secoue la tête et dit:

«II n'y a point de promesse sacrée parmi ces Turcs, mais pour l'amour de notre sainte foi, j'irai, dussé-je ne pas revenir.»

«Il fait seller son meilleur cheval, et part.

«Les perfides musulmans le laissèrent bénir l'église, puis ils le saisirent, et le menèrent, les mains liées derrière le dos, à Podgositsa.

«A cette nouvelle, tout le Zenta, plaine et montagne, se leva et vint dans la maudite Skakhar implorer Omer-Pacha, qui fixa la rançon de l'évêque à 3 000 ducats d'or. Pour compléter cette somme, de concert avec les tribus du Zenta, les Tsernogorstes durent vendre tous les vases sacrés de Tsetinié.

«Le vladika est élargi.

«En voyant revenir leur éclatant soleil, les montagnes ne purent retenir un cri éclatant de joie; mais Danilo, qu'affligeaient depuis longtemps les conquêtes spirituelles des Turcs, cantonnés dans le Tsernogore, et qui prévoyait l'apostasie de son peuple, demande en ce moment, aux tribus assemblées, de convenir entre elles du jour où les Turcs seront tous dans le pays attaqués et massacrés.

«A cette proposition, la plupart des *glavars* se taisent; les cinq frères Martinovitj s'offrent seuls pour exécuter le complot. La nuit de Noël est choisie pour être la nuit du massacre, qui aura lieu en souvenir des victimes de Korsovo.

«L'époque fixée pour la sainte veille arrive, les frères Machinovitj allument leurs cierges sacrés, ils prient avec ferveur le Dieu nouveau-né, boivent chacun une coupe de vin à la gloire du Christ, et, saisissant leurs massues bénies, ils s'élancent à travers les ténèbres.

«Partout où il y a des Turcs, les cinq exécuteurs surgissent.

«Tous ceux qui refusent le baptême sont massacrés sans pitié, ceux qui embrassent la croix sont présentés comme frères au vladika.

«Le peuple, réuni à Tsetinié, salua l'aurore de Noël par des chants d'allégresse. Pour la première fois, depuis le jour de Korsovo, il pouvait s'écrier: «Le Tsernogore est libre.»

Aujourd'hui encore, les descendants des cinq Martinovitj chantent avec orgueil cette *piesma* dans leurs banquets de fête.

X.

Au milieu des guerres qu'il soutenait contre les Turcs, luttes héroïques, mêlées de grands triomphes et de sanglants revers, le Monténégro restait inconnu des États de l'Europe; La Russie comprit la première quel parti elle pouvait tirer de ce peuple de soldats ardents et fanatiques dans ses combats contre la Turquie. Pierre Ier envoya un émissaire au Monténégro. Une *piesma* raconte l'arrivée de cet agent, et les paroles que le tzar est censé adresser aux chefs de la montagne.

«Le Turc m'attaque avec toutes ses forces, pour venger Charles XII, et pour plaire aux potentats de l'Europe; mais j'espère dans le Dieu tout-puissant, et je me fie à la nation serbe, surtout aux bras des Tsernogorstes, qui certainement m'aideront à délivrer le monde chrétien, à relever les temples orthodoxes et à illustrer le nom des Slaves.

«Guerriers de la montagne Noire, vous êtes du même sang que les Russes, de la même foi, de la même langue, et d'ailleurs n'êtes-vous pas comme les Russes des hommes sans peur?

«Il importe donc peu que vous parliez la même langue pour combattre avec eux. Levez-vous tels que vous êtes, héros dignes des temps anciens, et restez ce peuple terrible qui n'a jamais de paix avec les Turcs.»

«A ces paroles du tzar slave, du grand empereur chrétien, tous brandissent leurs sabres et courent à leurs fusils.

«Il n'y a qu'une voix: Marchons contre les Turcs, et plus vite ce sera, plus nous en aurons de joie ... En Bosnie et en Hertzegovine, les Turcs sont défaits, et bloqués dans leurs forteresses. Partout, villes et villages musulmans sont brûlés, il n'est pas une rivière, pas un ruisseau qui ne se teigne du sang infidèle.

«Mais ces réjouissances ne durèrent que deux mois; elles se changèrent pour les Serbes en calamités, à la suite de la paix subite et forcée que le tzar Pierre dut conclure avec la Porte. Les Tsernogorstes furent pris d'un violent désespoir.

«Toutefois, ils restèrent en campagne, se montrant alors ce qu'ils sont aujourd'hui, buvant le vin et combattant le Turc.

«Et, tant qu'un d'eux restera en vie, ils se défendront contre qui que ce soit, Turcs ou autres. Oh! elle n'est pas une ombre, la liberté tsernogorste. Nul autre que Dieu ne pourrait la dompter, et, dans cette entreprise, qui sait si Dieu même ne se lasserait pas?»

Cette *piesma* est intéressante, surtout parce qu'elle constate la première tentative des Russes pour asseoir leur influence au Monténégro. Ces souvenirs, d'une ancienne fraternité d'armes, on les invoque encore aujourd'hui; on invoque aussi la communauté de religion et d'origine; et l'empereur Nicolas Ier tient en ce moment aux Tsernogorstes le même langage que son aïeul Pierre Ier.

XI.

Traversons l'époque la plus triste de l'histoire du Monténégro, celle pendant laquelle, abandonné par Venise, il subit les épouvantables ravages des armées du vizir Kiouprili, pour arriver a l'année 1568, où une grande victoire le délivra des Turcs. A cette époque commence la lutte entre l'Autriche et la Russie pour dominer le gouvernement du Monténégro, lutte dans laquelle la conformité de religion a toujours donné de grands avantages à la Russie sur sa rivale.

L'influence française, toute nouvelle au Monténégro, éclipsa complètement l'influence russe tant que dura l'expédition dÉgypte. Les Grecs-Slaves saluèrent par des cris de sympathie l'humiliation que nos armées venaient d'infliger à l'islamisme; mais, lorsqu'on vit la France s'allier avec la Turquie, et le général Sébastiani défendre Constantinople, l'influence russe regagna tout le terrain qu'elle avait perdu.

La guerre commença entre nous et les Monténégrins, secondés par un corps moscovite. Le général Lauriston fut attaqué, en 1806, à Raguse; l'ennemi assiège Raguse et Kataro. Le général Molitor accourt avec 1600 hommes pour débloquer la place de Raguse, entourée par 13 000 hommes. Molitor n'hésite pas à fondre à la baïonnette sur un ennemi douze fois plus nombreux que lui. Les Russes plient, les Monténégrins sont enfoncés; Russes et Monténégrins pêle-mêle, laissant leurs armes et leur artillerie sur le champ de bataille, se sauvent sur la flotte. En 1807, la terrible défaite de Castel-Novo força les Monténégrins a demander une paix qui ne fut plus troublée jusqu'en 1813.

A cette époque, les Français abandonnèrent Kataro, où les Monténégrins établirent la capitale de leur État; mais l'archiduc ne veut point accepter le Monténégro comme puissance maritime, elle craint pour sa marine la concurrence de ce peuple actif et entreprenant. Une armée autrichienne partit pour expulser les Monténégrins des bouches du Kataro, dont le congrès de Vienne avait donné la possession à la maison de Habsbourg.

En 1820, les Turcs entreprennent, contre le Monténégro une nouvelle campagne, dans laquelle ils sont battus.

Dix ans après meurt, à l'âge de 80 ans, le vladika Pierre, qui gouvernait depuis un demi-siècle le Monténégro.

XII.

Pierre I'er fut le véritable fondateur de l'État monténégrin; ferme, patient, habile, doué en même temps d'une douceur d'apôtre et d'un courage de héros, ce vladika soutint son pays dans les crises de tout genre qu'il eut à subir pendant les cinquante années de son règne.

Son neveu, qu'il avait choisi pour successeur, fut salué du titre de vladika par tous les chefs réunis sur la colline d'Ivo le Noir; il prit le nom de Pierre II, et partit en 1833 pour recevoir à Saint-Pétersbourg la consécration épiscopale. Il n'était que diacre quand son oncle mourut. Pendant ces trois années, il défendit son pays contre de nouvelles entreprises des Turcs. La nécessité où se trouvait le sultan de réprimer la révolte du vice-roi d'Égypte, le força de rappeler son vizir du Monténégro, et de diriger son armée sur la Syrie.

Le pouvoir, longtemps partagé entre le gouvernement civil et l'évêque, avait fini par appartenir complètement à ce dernier. Un parti se forma pour reconstituer l'État sur ses anciennes bases, et ressusciter la charge de gouverneur. Ce parti fut battu, et Pierre II, libre pour le moment de toute complication intérieure et extérieure, put mettre la dernière main à l'œuvre de la réforme du pays entreprise par son oncle Pierre Ier.

Pierre II exerça jusqu'en 1838, une dictature pacifique sur ses concitoyens époque à laquelle le législateur dut faire place au guerrier.

XIII.

Le Monténégro, environné presque de tous côtés par la mer, qu'il voit, qu'il touche pour ainsi dire, ne peut se frayer un libre passage jusqu'à ses rivages. Le congrès de Vienne a cru devoir fermer de ce côté toute issue vers la mer. Le Monténégro n'a point de port, ce qui rend les montagnards tributaires de l'Autriche pour un grand nombre d'objets de consommation et surtout pour le sel.

La possession de Kataro est toujours l'idée fixe, l'espoir permanent des Monténégrins. C'est là qu'il faut chercher la véritable cause de la levée de boucliers de 1838, et non point dans la question de délimitation de territoire qui lui servit de prétexte.

De nombreux combats eurent lieu entre les impériaux et les Tsernogorstes, sans amener de grands résultats. Pour en finir, l'Autriche et le Monténégro résolurent de s'en rapporter à l'arbitrage de la Russie; la paix fut signée grâce à la médiation de cette puissance; mais les Monténégrins avaient manqué le but pour lequel ils avaient pris les armes, ils ne possédaient pas de station maritime; la paix fut donc, dans la montagne Noire, le sujet des plaintes passionnées, des regrets patriotiques d'une foule de guerriers.

XIV.

Le capitaine du génie: Kovalevski résidait alors dans le Monténégro en qualité d'agent russe. Slave de cœur et de naissance, cet officier rêvait de faire du Tsernogore, devenu pour lui comme une seconde patrie, une espèce de rendez-vous commun d'où tous les patriotes slaves s'élanceraient un jour pour conquérir l'Europe.

L'Autriche s'effraya des menées de cet illuminé slave et s'en plaignit à la Russie qui, sachant s'assouplir aux circonstances, désavoua son agent, et lui ordonna de se rendre à Vienne pour offrir des explications et des excuses au cabinet de Schœnbrunn.

Kovalewski revint au Monténégro; il avait fini par se considérer comme un des enfants de cette terre guerrière, et c'est lui qui dressait les plans de campagne des montagnards contre l'Hertsegovine et l'Albanie, musulmane. Une guerre sans merci ni trêve a lieu contre ces peuples. On en pourra juger par le fragment suivant:

«Le bey Hassan est en campagne avec quarante compagnons, il franchit la frontière, mais voilà qu'il passe auprès d'un rocher sur lequel Marco était posté avec trois braves.

«Marco ajuste le bey Hassan qui tombe sans mouvement sur l'herbe.

«Jetez vos armes, et mettez vos mains derrière le dos où vous êtes tous morts!» crie aux Turcs consternés le terrible Marco.

«Les Turcs obéissent, et descendant de son embuscade, Marco les lie tous, prend la carabine du bey Hassan, et pousse devant lui, comme du bétail, ses quarante prisonniers jusqu'au village de Tsernitsa.

«Là, dédaignant une énorme rançon que ses captifs lui promettent, il les décapite tous dans la cour du tribunal de sa tribu, et orne de leurs têtes la koula du Secdar.

«Que Dieu donne à Marco bonheur et santé!»

Le poète populaire prend peut-être un peu trop facilement son parti de ce massacre. Une telle manière de faire la guerre n'aurait point la sympathie des nations civilisées. Heureusement de grands changements s'opèrent de jour en jour dans les mœurs militaires et civiles des Monténégrins; ces changements sont dus à l'influence salutaire du vladika Pierre II, homme distingué par son intelligence et par son éducation, auteur d'un volume de vers intitulé l'*Ermite de Tsetinié*, politique habile, administrateur résolu dont les efforts persévérants ont singulièrement rapproché le Monténégro des autres pays de l'Europe au point de vue de la civilisation.

Pierre II est parvenu à détruire ces *vendette* qui constituaient, sous le nom de *kroine*, une sorte de droit à la vengeance, et les enlèvements des jeunes filles *otmitsa*, dont l'usage, emprunté aux époques de barbarie, s'était perpétué jusqu'à nos jours.

Le gouvernement, depuis Pierre II, se compose d'un *soviet* (sénat), dont les membres sont élus par le peuple, mais qui ne peuvent siéger que lorsque leur élection a été confirmée par le vladika. Les *sovietniks* (sénateurs) sont logés et nourris aux frais de l'État. Ils reçoivent en outre un traitement annuel de 200 fr. par tête.

Les actes du gouvernement doivent être soumis à la délibération du soviet, et publiés ensuite selon la formule romaine: AU NOM DU SÉNAT ET DU PEUPLE TSERNOGORSTE.

Telle était la situation du Monténégro lorsque Danilo Petrovitj, à la mort de Pierre II, ceignit la toge de vladika.

XV.

Le 17 mai 1850 au matin, les quatre canons qui défendent l'approche du monastère où réside le souverain du pays, saluèrent de 121 coups la sortie de la grande procession en tête de laquelle marchait le nouveau vladika vêtu des habits pontificaux, portant en baudrier un magnifique damas couvert de pierres précieuses.

Les quatre canons qui saluaient l'avènement de Danilo ont été pris aux Turcs. Le Tsernogorste aime à entendre leurs détonations, que l'écho de la montagne Noire répercute de vallée en vallée. Les Monténégrins mêlaient des cris de joie au fracas de l'artillerie.

Entouré de trente *perianitj* (guerriers ornés de plumet) qui lui servent de garde et qui appartiennent aux plus illustres familles de la montagne, le vladika sort de l'église, placée à côté de la poudrière et se dirige du côté de la *Riznitsa*. C'est ce qu'on pourrait appeler la salle du trône et le garde-meuble de la couronne; c'est là qu'on conserve les armes des vieux héros tsernogorstes, les trophées enlevés aux pachas turcs.

Dans cette résidence, moitié militaire, moitié sacerdotale, on voit côte à côte un clocher, une imprimerie, une poudrière. Les ouvriers de l'imprimerie font pleuvoir sur la foule des bulletins de la cérémonie qui va avoir lieu.

Maintenant, de cette longue maison bâtie en pierre mais recouverte de chaume, voyez sortir cette file de guerriers à l'aspect grave et majestueux. Ce sont les sovietniks qui se rendent à la *Riznitsa* où ils feront cortège au vladika.

Tous les moines et popes du Monténégro sont convoqués pour la cérémonie de l'investiture. C'est au bruit de leurs cantiques qu'elle s'accomplit. Le plus âgé des caloyers met ordinairement la toque sur la tête du vladika. Un mois après son intronisation au Monténégro, il est d'usage maintenant que l'évêque du Monténégro se rende à Saint-Pétersbourg pour y solliciter du patriarche une espèce de consécration et de confirmation de son autorité spirituelle.

XVI.

C'est en 1850 que Danilo a remplacé, comme vladika, son oncle Pierre II.

Le nouveau prince du Monténégro a trouvé le gouvernement dans une de ces crises qu'amènent toujours les grandes réformes. Pierre II s'était donné la tâche d'introduire la civilisation européenne dans son pays, il avait voulu en faire un État soumis à des lois régulières, payant à des époques fixes un impôt réglé d'avance, rentrant, pour les questions de paix ou de guerre, dans les conditions des gouvernements ordinaires. Cette grande entreprise était presque à moitié terminée lorsque Pierre II mourut.

Dans quelle mesure devait-il suivre les errements de son oncle? Telle est la première question que le nouveau vladika dut se poser.

Il ne faut pas perdre de vue que le Monténégro, ainsi que nous l'avons dit en commençant, est un pays de proscrits, d'*ouskoks*; il puise une partie de sa force dans cette vieille franchise, dont il est en possession, de donner asile à tous ceux qui souffrent et qui sont persécutés par les gouvernements limitrophes.

Ce petit peuple, animé par la foi religieuse, toujours debout contre les Turcs, faisant subir aux armées musulmanes les plus humiliants revers, vaincu lui-même souvent, mais jamais écrasé, présente un spectacle héroïque et vraiment digne de l'histoire.

Supprimez les ressorts de liberté et de religion qui font mouvoir le caractère national, aussitôt le Monténégrin perd sa physionomie particulière, il ne sait plus où puiser la force qui doit le faire vivre, il est fini comme homme et comme peuple.

D'un autre côté, en ne faisant aucune concession à l'esprit moderne, en restant dans la barbarie primitive, il s'attire l'inimitié irréconciliable de sa puissante voisine l'Autriche, il se trouve obligé de soutenir contre elle une lutte dans laquelle il doit succomber tôt ou tard.

C'est donc entre ces deux écueils que le gouvernement du Monténégro doit naviguer.

Danilo possède toutes les qualités nécessaires à l'exécution de cette politique de pondération et d'équilibre. Jeune encore, ayant reçu une excellente éducation, connaissant pour les avoir visitées, les cours d'Autriche et de Russie, persuasif, éloquent, aimant son pays, il exerce sur ses compatriotes une influence égale à celle de son prédécesseur.

Pierre II était poète. On a de lui plusieurs ouvrages remarquables, entre autres:

Un poème remarquable par la vigueur et la vérité des scènes populaires, *Stjepan Mail* ou Étienne le Petit, imposteur hardi qui parvint, en trompant la crédulité naïve des Monténégrins, à se faire passer pour le tzar Pierre III.

Oledo (miroir), recueil des chants populaires serbes.

Gorski vjenac (fleurs de la montagne), volume qui renferme un grand nombre de *piesmas* détachées, pleines de grâce et de fraîcheur.

Danilo cultive aussi les muses. Il a publié des vers, et l'imprimerie nationale de Tsetinié a livré à la publicité divers ouvrages des littératures étrangères, traduits en monténégrin par le souverain du pays.

XVII.

La haine du Turc ne s'éteint jamais au cœur du Monténégrin; il faut même, de temps en temps, qu'elle trouve une issue. De là des expéditions ou *tchetas* très-souvent renouvelées sur le territoire ennemi.

Le vladika est impuissant à les empêcher. La réforme de Pierre II n'est pas encore établie d'une façon tellement solide qu'elle laisse toute liberté d'action au gouvernement. Trois révoltes successives eurent lieu en 1833, 1835 et 1841. Elles furent réprimées dans le sang.

Pierre II avait créé, pour assurer l'exécution de ses décrets, une troupe de gendarmerie mobile, connue dans le pays sous le nom de *guardia*. Cette garde, qui aurait pu rendre de grands services, y était sans cesse entravée dans l'exercice de ses fonctions par le respect inviolable des Orientaux pour le foyer domestique. Renfermé chez lui, le coupable échappait à la répression. Pierre II ordonna qu'on mît le feu à la maison du révolté, puisqu'on ne pouvait s'emparer de sa personne. Il périssait ainsi dans les flammes ou parvenait à se réfugier chez les Turcs. Dès lors il perdait sa nationalité et ses biens étaient confisqués.

Ces moyens de répression barbare et que nous nous garderons bien de justifier, témoignent de la force qu'ont encore les anciens préjugés sur cette terre à demi sauvage. Ce n'est qu'avec une prudence excessive que doit procéder le pouvoir; il s'exposerait infailliblement à des révoltes semblables à celles dont nous venons de parler, s'il s'opposait aux *tchetas* et voulait les rendre absolument impossibles.

C'est une de ces *tchetas* qui amena, en 1852, Omer-Pacha à la tête d'une armée turque sur la frontière du Monténégro.

Le colonel Kovalevski, cet infatigable propagandiste russe dont nous avons entretenu nos lecteurs, avait préparé et dirigé cette levée de boucliers contre la Turquie. La Russie voulait engager les hostilités pour susciter des embarras à la Porte au moment où, par l'envoi du prince Menchikof, elle allait soulever la question du protectorat.

L'Autriche empêcha la lutte.

Cette puissance ne saurait voir d'un bon œil tout ce qui peut donner de la vie et du mouvement à la nationalité slave. La moindre étincelle jetée sur les provinces serbes peut allumer un incendie. L'Autriche intervint pour éteindre le feu. La Porte sut éloigner son armée de la frontière du Monténégro, et les Monténégrins se virent obligés à rentrer dans leur territoire.

On voit par ce que nous venons de dire combien la paix, quand elle existe, doit être menacée et précaire entre les deux pays.

XVIII.

L'année dernière une foule nombreuse de montagnards était réunie sur la plate-forme de Tsetinié, pour assister à l'exécution d'un meurtrier.

Autrefois le droit de vengeance (krvina), exercé par les parents de la victime, représentait la vindicte publique. Aujourd'hui c'est le sénat qui prononce la peine de mort au nom de la société.

Cette pénalité toute nouvelle excite encore de vives répugnances au Monténégro; on est obligé pour l'appliquer, de l'adoucir encore et de laisser aux condamnés des chances de s'y soustraire.

Lorsqu'une sentence de mort a été prononcée, chaque tribu fournit deux guerriers qui se rendent avec leur fusil chargé sur le lieu du supplice. Le condamné est placé à quarante pas du groupe chargé de le fusiller. Cinquante balles sont dirigées à la fois contre sa poitrine; ses parents ne pourront pas savoir qui l'a frappé. La vendetta est donc impossible.

Si par hasard il n'est que blessé, la peine est subie, le meurtrier est gracié.

Si par miracle il échappe, il devient libre et passe chez les Ouskoks. Désormais il fait partie de leurs bandes.

Le gouvernement attache une grande importance à faire fonctionner cette pénalité imparfaite sans doute, mais qui est bien préférable aux anciens procédés de justice barbare et sommaire en usage dans le pays.

Cette fois, le criminel était un montagnard qui jouissait d'une grande importance dans sa tribu à cause de sa bravoure.

Le peuple remplissait la plate-forme. Le piquet d'exécution allait paraître, lorsqu'on vit le colonel Kovalevski traverser la place et entrer dans la maison du vladika.

Aussitôt le bruit se répandit qu'il allait solliciter la grâce du condamné.

En effet, l'officier russe, après les saluts d'usage, prit place sur un divan auprès de l'évêque, qui lui dit aussitôt:

«Pourquoi as-tu voulu me voir?

—Parce que j'ai une grâce à te demander.

—Laquelle?

—La grâce de cet homme qu'on va fusiller.

—Tu sais qu'il a tué.

—Je sais aussi qu'il porte sur sa poitrine une croix qui lui a été donnée par notre maître et notre père spirituel le tzar. Il ne faut pas que cet homme meure; le moment n'est pas loin où, dans le Tsernogore, on aura besoin de braves comme lui.»

Nous devons à l'obligeance d'un voyageur qui arrive du Monténégro la communication d'un journal inédit auquel nous empruntons les détails qu'on vient de lire. Le vladika ne put refuser aux instances du colonel la grâce du meurtrier.

Aussitôt que cette nouvelle se fut répandue, la foule fit retentir l'air de ses acclamations: «Vive la Russie! vive le tzar! vive notre père!»

Kovalevski avait parlé d'un moment peu éloigné où le besoin des braves se ferait sentir au Monténégro. Nous avons eu le mois dernier l'explication de ces paroles.

Maintenant laissons parler le journal de notre voyageur.

XIX.

11 MARS.—J'arrive du *soviet* (maison du sénat). Les sénateurs vont bientôt entrer en séance. Je peux compter sous un hangar les ânes et mulets qui les ont conduits. Ici un cheval est presque un objet de curiosité.

Le vladika sort de sa maison entouré de sa garde, et entre dans le *soviet*. Pour représenter la publicité des assemblées délibérantes européennes, j'ai persuadé au vladika qu'il convenait de me laisser assister à la séance. J'ai obtenu la permission de me tenir debout derrière la porte d'entrée. C'est là ma tribune.

Je m'aperçois que le colonel Kovalevski occupe déjà une place derrière le banc sénatorial.

Les sénateurs arrivent par groupes, et, après avoir suspendu leurs armes à la muraille, ils s'asseyent sur un banc circulaire de pierre, recouvert d'un tapis.

Un âtre, creusé dans la terre, au milieu même du cercle, promène les reflets de sa flamme sur la figure des pères conscrits.

Le vladika vient s'asseoir au bout du banc. Un coussin rouge, entouré d'un galon d'or, distingue seul sa place de celle des autres sénateurs.

Le secrétaire du soviet, assis à la turque, tient une plume, une écritoire, et du papier sur ses genoux.

Maintenant que le vladika a prononcé la prière qui précède l'ouverture des débats, tous les sénateurs allument leur tchibouk.

Le vladika ouvre la séance par le discours suivant:

«Chers frères et chers fils,

«J'ai montré à Dieu mon cœur saignant des misères de mon peuple, et je lui ai demandé si nous devions souffrir plus longtemps les souffrances que les infidèles font endurer à nous et à nos frères.

«Le Seigneur m'a répondu: «Montre également ton cœur saignant à ceux qui sont chargés avec toi de veiller sur le sort de mes Tsernogorstes, que j'ai toujours les premiers devant ma face.»

«C'est pourquoi, chers frères et chers fils, je vous ai écrit: faites sangler vos ânes et vos mulets, et venez promptement me rejoindre dans la maison du soviet.

«Maintenant, examinons ensemble ce qu'il convient de faire.

«Quiconque dira le contraire aura menti: la sainte religion souffre et crie vers nous, parce qu'elle est la proie des infidèles. Serions-nous des hommes si nous la laissions souffrir plus longtemps.

«Il y a ici un ami de notre père qui m'a dit: «Vladika, mon maître, le maître de la Russie sainte, le tzar orthodoxe m'a ordonné de venir vers toi, et de te dire que les Tsernogorstes n'ont qu'à prendre leur fusil et à se mettre en campagne.

«Je leur fournirai de la poudre et des balles, ils auront des roubles, afin d'acheter de la viande sèche pour nourrir la femme et les enfants à la maison. Le moment est venu de chasser l'infidèle, et de faire manger aux corbeaux les fils du prophète.

«Qu'ils se lèvent donc mes braves Tsernogorstes, et pendant que mes vaillantes armées attaqueront Constantinople, que la montagne Noire lance ses enfants sur la frontière turque et qu'ils reviennent chargés de butin et de têtes.»

«Voilà ce que l'ami du tzar m'a dit de sa part, et moi je viens vous demander ce que vous voulez faire.»

Un sénateur, après avoir croisé ses jambes à la turque, sans doute afin de pouvoir parler plus commodément, prend la parole. Son discours dure une heure environ; mais le ton nazillard et la rapidité de prononciation de l'orateur, m'empêchent de le comprendre.

Le sénateur qui lui succède est un vieillard, dont le menton est orné d'une magnifique barbe blanche. Comme il parle avec une sage lenteur et qu'il s'interrompt de temps en temps pour lâcher une bouffée de la fumée de son tchibouk, je puis utiliser mes connaissances encore peu étendues en fait de langue tsernogorste, et je parviens à le comprendre.

Voici le résumé de ce discours.

«Le Monténégro doit écouter la parole de son ami et de son père le tzar de Russie. La religion lui fait une loi de le seconder s'il veut attaquer l'islamisme et en finir avec ces Turcs détestés. Tout Monténégrin doit être prêt à mourir pour l'orthodoxie.

«Puisque la Russie orthodoxe se lève, l'orthodoxe Monténégrin doit se lever aussi. Abandonnerons-nous la Russie sur le champ de bataille, et n'irons-nous pas préparer avec elle une grande curée de Turcs aux corbeaux?

«Insensé celui qui, au nom de l'intérêt, conseillerait d'agir ainsi, car la sainte Russie nous récompensera de l'avoir soutenue dans la bataille, et d'avoir brûlé la poudre pour elle.

«Quand le tzar orthodoxe régnera sur tous les souverains de l'Europe, comme cela doit être un jour, nous irons vers lui, et nous lui dirons, en embrassant ses genoux:

«Père, regarde du côté des montagnes tsernogorstes que baignent de tous côtés les flots de la mer Bleue. Nos bras sont fatigués, nos corps inondés de sueur; nous voudrions nous rafraîchir dans la vague profonde; mais on ne veut pas nous laisser approcher du rivage. Les habits blancs de l'Autriche sont là qui nous crient: N'avancez pas, ou nous ferons feu.

«Et le Tsernogore n'a que la pointe de ces rocs pour y essuyer son corps ruisselant, la mer Bleue lui est fermée.

«Le tzar écrira alors à l'empereur d'Autriche:

«Mon ami,

«Renvoyez vos habits blancs, et laissez la mer Bleue ouverte à mes bons Tsernogorstes, qui m'ont aidé à chasser le Turc.

«Donnez-leur Kataro la Blanche, qui appartenait à leurs ancêtres; donnez-leur tous les villages qui sont autour.

«Et nous aurons du sel en abondance, nous ne serons pas obligés de le payer aux habits blancs, et vous verrez engraisser nos bestiaux, et se gonfler le sein de nos jeunes filles.»

La profonde impression, produite par ce discours, ne se trahit pas par des applaudissements et des cris, mais par un mouvement de va-et-vient très-rapide imprimé à la tête des membres de l'assemblée.

Deux sénateurs parlent dans le même sens que le précédent.

Un quatrième orateur prend la parole. C'est le plus jeune membre du sénat. Je m'attends à des motions encore plus ardentes que celles que je viens d'entendre.

Le jeune sénateur, au contraire, conseille la prudence à ses confrères; il les engage à bien réfléchir avant d'attirer les maux de la guerre sur la tête de leurs concitoyens. Il ne dit pas que l'empereur de Russie ne soit pas un souverain très-puissant, mais peut-être n'aura-t-il pas autant de facilité qu'on le croit, à dominer tous les autres États, qui ne laisseront point disparaître la Turquie. L'orateur ajoute qu'il lui semble inutile pour le moment de se compromettre pour la Russie. On sera toujours à temps de prendre un parti. D'ailleurs les Turcs nous laissent tranquilles en ce moment, pourquoi irions-nous les attaquer? Maintenons la paix pour mener à bonne fin les utiles réformes entreprises au profit de la prospérité et de la civilisation de notre pays.

Il est très-évident que cette opinion est en grande minorité dans l'assemblée. Après ce discours, le vladika se lève, et, attendu que l'heure du deuxième repas, va bientôt sonner, il ajourne la réunion du sénat à quatre heures du soir.

XX.

13 mars. J'ai vu le vladika ce matin. Il m'a reçu avec sa bienveillance accoutumée. Il m'a paru plus triste qu'hier. Kovalevski sortait au moment où j'entrais chez Danilo. Je lui ai demandé la cause de sa préoccupation.

«Le soviet a prononcé, m'a-t-il répondu, à la presque unanimité. Il cède aux suggestions de la Russie, il veut faire la guerre, et je suis forcé de lui céder.

—Nul cependant n'oserait vous résister, si vous disiez non, votre pouvoir est sans borne.

—Vous vous trompez, répond tristement l'évêque, il y a des préjugés devant lesquels je suis forcé de m'incliner.

«Kovalevski est au fond le véritable souverain du Monténégro, la Russie règne ici bien plus encore que moi.

«Pendant longtemps encore la guerre, et surtout la guerre contre les Turcs sera la passion dominante dans ce pays. Il faut avoir été élevé à l'étranger, ou avoir beaucoup voyagé comme ce pauvre Shebievjt, que vous avez entendu hier au soviet, ou comme moi, pour comprendre quels résultats heureux la paix peut avoir, et quelle influence elle exerce sur la prospérité d'une nation;

mais je ne puis lutter contre l'ignorance de mes compatriotes, elle m'entraîne, elle me déborde; je sens qu'il faut que je lui obéisse, si je ne veux pas me perdre.

«Que vont devenir mes écoles pendant la guerre; le sang va emporter le germe si laborieusement semé par mon oncle et par moi. Il a des moments, ajouta-t-il en soupirant, où je voudrais abdiquer et me retirer au fond d'un monastère du mont Athos.»

Je crus devoir le dissuader d'un projet si nuisible aux intérêts de son pays.

—Rassurez-vous, me dit-il, nous autres Tsernogorstes, nous ne pouvons pas vivre loin de notre patrie. Vous voyez bien ce domestique?»

Il me montrait le serviteur chargé d'allumer son tchibouk.

Il y a quelques années, mille familles, représentant plusieurs milliers de guerriers avaient consenti, moyennant une solde considérable, à émigrer dans le Caucase, où la Russie comptait les opposer aux Tcherkesses. Arrivés dans le pays, les guerriers monténégrins perdirent tout d'un coup leur énergie; ils étaient devenus lâches; ils désertaient en masse, ou succombaient à une langueur produite par la nostalgie.

Quelque temps avant de mourir, mon oncle, qui avait permis cette émigration, se désolait souvent en songeant qu'il avait envoyé tant de braves à la mort, lorsqu'il vit de sa fenêtre un homme se traînant sur le sentier qui conduit à Tsetinié.

Cet homme, succombant a la fatigue, tomba évanoui avant d'atteindre au plateau. Mon oncle envoya à son secours, et le fit transporter chez lui.

Dieu soit loué, s'écria le malade, j'ai revu *ma petite montagne Noire (dogoritli Hevnoï)*, je puis mourir.

Ce malade, aujourd'hui vivant et très-vivant, c'est mon porteur de tchibouk, qui avait supporté des fatigues et des privations dont le récit seul vous ferait frémir, pour revoir son pays.

Nous sommes ainsi faits, ajouta le vladika, on dirait qu'un charme magique nous attache à la montagne Noire.

XXI.

Le journal dont nous venons de citer des fragments explique assez bien les motifs qui ont poussé le vladika du Monténégro à prendre parti dans la guerre commencée entre l'empereur de Russie et la Porte ottomane.

Outre la communauté de religion, cause toujours si puissante de sympathie entre deux peuples, la Russie n'a négligé aucun moyen de rattacher à sa fortune le Monténégro et ses habitants. La plupart des chefs importants des *serdars* monténégrins reçoivent des pensions de la Russie. Celle de Pierre II s'élevait à plus de 80 000 francs, et elle a été continuée à son successeur Danilo.

Le vladika Pierre Ier, fondateur de la dynastie actuelle, a inséré dans son testament une clause dans laquelle il recommande avant toutes choses à ses successeurs de vivre toujours en paix et en bonne intelligence avec la Russie.

Les deux neveux de Pierre II ont fait leurs études à Saint-Pétersbourg.

Le tzar envoie chaque année au Monténégro, pour les offrir gratuitement aux habitants, de nombreux navires chargés de blé d'Odessa.

Les *icones* ou vases sacrés qui servent aux cérémonies du culte dans la chapelle épiscopale de Tsetinié sont un présent de l'impératrice de Russie.

Tout est russe au Monténégro, tout conspire à assurer la prépondérance russe dans ce pays que les autres États de l'Europe ont trop négligé jusqu'ici.

Aussi ne faut-il point s'étonner si d'une extrémité à l'autre de la montagne Noire, les habitants ont accueilli avec enthousiasme la proclamation suivante:

«Tsernogorstes!

«Le moment est venu de prendre les armes, et de jeter le fourreau de l'épée sur la route. Il faut que chaque homme mette la main sur son cœur, et dise: Il faut qu'il batte pour l'orthodoxie et pour la liberté.

«Il faut montrer que nous sommes les fils de ces vaillants Tsernogorstes qui ont défait trois armées de vizirs, et qui ont pris cinquante citadelles turques. Nous ferons voir que le Tsernogore n'a point dégénéré, et qu'il est toujours la terre des braves fils d'Ivo le Noir.

«Nous nous battrons jusqu'à la mort pour notre religion et pour notre indépendance; la récompense qui nous attend est au ciel.

«Dieu nous donnera la victoire. Fidèles Tsernogorstes, abordons d'un cœur franc l'ennemi, et ne craignons pas de nous jeter tête baissée au plus fort de la mêlée.»

«DANILO,

«*Archevêque du Tsernogore et des Berda, et de Skador et de toute la Primorée.*»

(Signé du grand sceau, à l'aigle double, que le tsernovoïevitj Ivo portait sur son bouclier.)

XXII.

Les revenus du vladika se composent des fermes appelées *Ivan Begovina*, et qui furent établies par Ivo. Ses revenus s'élèvent à la somme de 130 000 francs.

Il reçoit des tributs volontaires de la part des Monténégrins, qui, après une expédition heureuse, rentrent chez eux chargés de butin.

Il prélève une part sur les pêches qui ont lieu sur le lac Skadar.

Tout cela lui constitue une liste civile qui, avec la pension qu'il touche de la Russie, ne s'élève pas à un demi-million.

Il se fait au Monténégro un commerce d'importation en eaux-de-vie de France, en aiguilles et en poudre de guerre. Dans ce pays, habité par des gens presque sans cesse en guerre, il n'y a qu'une seule fabrique de poudre dans la tribu des Rovtsi, et à peine en fabrique-t-elle assez pour la consommation de ses membres.

Les marchandises sont transportées au Monténégro à dos de mulet; souvent aussi il arrive que les femmes se chargent de ces transports. On rencontre souvent sur la route, entre Kataro et Tsetinié, ces infortunées créatures, accablées par un soleil ardent, sous les fardeaux qu'elles portent, moyennant un ou deux centimes la livre.

Un arbrisseau à feuilles arrondies, appelé en italien *scotano*, forme un des principaux objets d'exportation du pays. Il est d'un fréquent usage dans la teinture et dans la préparation du cuir.

On exporte aussi en quantités assez considérables des poissons séchés nommés *scoranze*, et le *caviar*, produit avec l'ovaire de ces poissons.

La *castradine* ou viande de chèvre fumée, le miel, la cire, le suif, la laine, le bois à brûler, le gibier, complètent le tableau des exportations du Monténégro.

Pour remettre ces objets aux marchands, le montagnard est obligé de traverser les enceintes autrichiennes, où des garde-frontières le forcent à déposer les armes et ne le perdent pas un seul instant de vue pendant tout le temps qu'il met à conclure le marché.

XXIII.

Nous avons vu un portrait du vladika Danilo fait, il y a quelques mois, d'après nature, au moment où il venait de passer en revue les *serdars*. Il porte le costume demi-militaire, demi-sacerdotal, de vladika, et la croix du Melos-Obilin, ordre fondé par son prédécesseur.

Danilo a l'œil noir et profond, la physionomie douce et mélancolique, le front intelligent. Il administre son pays avec beaucoup d'habileté et de fermeté. Il va jouer un rôle militaire auquel il semble que rien jusqu'ici ne l'ait préparé. Il faut attendre pour le juger.

---

[1]

Selon M. Cyprien Robert, auquel nous devons l'élégante traduction de ces *piesmas*, la pomme est encore, pour ces peuples slavo-grecs, comme au temps de Pâris et d'Hélène, le symbole de l'hymen et de la beauté.

www.ingramcontent.com/pod-product-compliance
Ingram Content Group UK Ltd.
Pitfield, Milton Keynes, MK11 3LW, UK
UKHW041444200225
455358UK00011B/229